Dieses Buch gehört

....

Copyright © BPA Publishing Ltd 2020

Autor: Pip Reid

Illustrator: Thomas Barnett

Kreativdirektor: Curtis Reid

www.biblepathwayadventures.com

Vielen Dank für die Unterstützung von den Bible Pathway Adventures®. Unsere Abenteuer-Reihe hilft Erwachsenen dabei, Kindern Inhalte der Bibel auf kreative Art und Weise beizubringen. Konzipiert für die ganze Familie, ist das Ziel der Bibel Pfad Abenteuer, die christliche Nachfolge weltweit zurück in das Zuhause von Familien zu bringen.
Die Suche nach der Wahrheit macht mehr Spaß, als in Traditionen zu verharren!

Die moralischen Rechte des Autors und Illustrators wurden geltend gemacht, dieses Buch ist urheberrechtlich geschützt.

ISBN: 978-1-989961-14-8

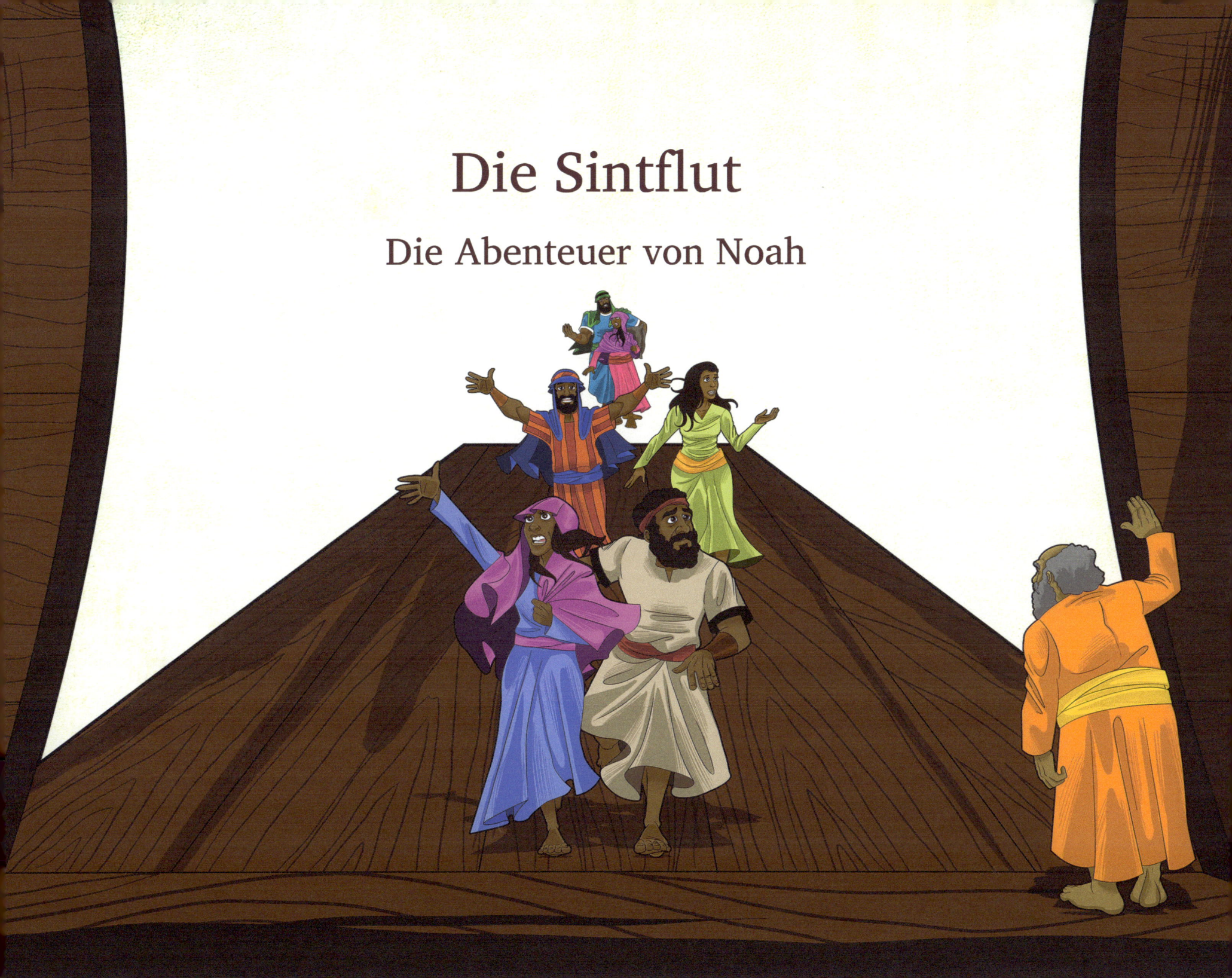
Die Sintflut
Die Abenteuer von Noah

„Da sich aber die Sündflut vierzig Tage auf die Erde ergoss, wuchsen die Wasser und hoben die Arche, dass sie über der Erde schwebte." 1. Mose 7, 17

Stell dir vor Gott, der Gott von Abraham, Isaak und Jakob, würde dich damit beauftragen, das größte Boot der Welt zu bauen. Würdest du es bauen? Du würdest wahrscheinlich mit dem Kopf schütteln und sagen: „Auf keinen Fall! Das ist unmöglich. Ich könnte so etwas nie bauen!"

Nun, Gott gab einem Mann namens Noah genau diesen Auftrag. Und obwohl er Gottes großen Plan nicht verstand, sagte Noah ja.

Weisst Du, Gott sah, dass die Menschen auf der Erde sehr böse geworden waren. Sie bestahlen sich gegenseitig, beteten Engel an und kreuzten Tiere miteinander, um neue merkwürdige Arten zu erschaffen. Gott war nicht zufrieden. Dies war nicht, was er erschaffen hatte.

Wusstest du schon?

Viele Menschen glauben, dass es verschiedene Bezeichnungen für Gott gibt. Diese sind Jah, Jahweh, Jahuah, und viele andere.

In dieser Zeit erschien eine Rasse von furchterregenden Riesen, genannt die Nephilim. Sie waren die Kinder von schlechten Engeln und Menschenfrauen. Die Nephilim waren gemein und fies!

„Die Erde ist zu grausam geworden", sagte Gott. „Ich bedaure es, die Menschen erschaffen zu haben." Er dachte sich einen Plan aus, alles auf der Erde auszulöschen und noch einmal von vorne anzufangen.

Noah hatte jedoch ein hervorragendes Verhältnis zu Gott und verhielt sich nicht wie die anderen Menschen. Er war treu und ergeben. Eines Tages sagte Gott zu Noah: „Die Menschen befolgen nicht meine Wege. Ich werde die Erde überfluten und noch einmal von vorne anfangen." Noah konnte seinen Ohren nicht trauen. Wollte Gott wirklich alles zerstören? Gott musste die Erde wirklich für sehr böse halten, dachte Noah.

Wusstest du schon?

Og, der König von Baschan, war ein Riese. Sein Bett war fast 4 m lang und 2 m breit. (5. Mose 3,11)

Doch Gott hatte noch mehr zu sagen. „Ich möchte, dass du eine Arche baust. Es muss ein Schiff werden, das groß genug ist, um viele Tiere zu beherbergen. Baue es 300 Ellen lang, 30 Ellen hoch und 50 Ellen breit. Und dann überziehe es mit Pech."

Noah kratzte sich am Bart. Dieses Boot würde riesig werden! Er sah zum hellblauen Himmel hinauf. Was Gott wohl vorhatte? Du musst wissen, dass Noah nicht wusste, was Regen war. Er war noch nie zu dem Trommeln von Regentropfen auf seinem Dach eingeschlafen. Er hatte noch nicht einmal eine Regenjacke.

Als Gott die Erde erschuf, hatte er einen Sprühnebel kreiert, der aus der Erde stieg und so die Pflanzen wässerte. Warum musste dann noch Wasser vom Himmel fallen?

„Und was ist mit meiner Frau und Familie?", fragte Noah. „Wirst du sie genauso verschonen wie die Tiere?"

„Die Flut wird alles zerstören", antwortete Gott. „Aber du musst dir keine Sorgen machen. Ich werde dich und deine Familie schützen." Noah seufzte erleichtert; er liebte seine Familie! Er war aber immer noch neugierig. Immerhin hatte er vorher noch nie eine Arche gebaut. „Befolge meine Anweisungen", sagte Gott. „Ich werde dir sagen, was du tun musst."

Noah und seine drei Söhne – Sem, Ham und Jafet – waren sehr schlau. Sie wussten, wie man viele Dinge selbst machte. Sie fällten Bäume für den Schiffsbauch und meißelten Steine für die Anker. Sie schmiedeten Nägel aus Eisen und mischten große Fässer mit dickem Teer, um alles zusammenzuhalten. Als schließlich alles fertig war, begannen sie, die Arche zu bauen.

Noah und seine Söhne befolgten Gottes Anweisungen sorgfältig, und die Arche wurde jeden Tag ein Stück größer. Noahs Nachbarn starrten das riesige Boot fasziniert an. Sie hatten SO ein großes Boot noch nie gesehen!

„Hat Gott dir wirklich gesagt, dass du diese Arche bauen sollst?", lachten sie. „Du verschwendest deine Zeit, du alter Dummkopf!"

Noah blickte seine Nachbarn mit ernster Miene an. „Wenn ihr Gott vertraut, könnt ihr euch uns anschließen", antwortete er. Doch seine Nachbarn machten sich weiterhin über ihn lustig und wollten nicht zuhören. „Wir brauchen Gott für nichts", riefen sie. „Wir haben Engel, um uns zu führen."

Wusstest du schon?

Vor der Sintflut wurden manche Menschen fast 1000 Jahre alt.
(1. Mose 9,29)

Noah und seine Söhne ignorierten das Gelächter und bauten weiter. Sie errichteten drei Decks für die Tiere und fügten ein spezielles Eingangstor ein, um hindurchzugehen. Sie bauten sich gemütliche Schlafzimmer und fügten ein großes Fenster ein, damit es im Schiff nicht zu sehr stinken würde. Zuletzt bauten sie ein Holzdach und überzogen anschließend das ganze Boot mit klebrigem schwarzen Pech, um es wasserdicht zu machen.

Schließlich war die Arche fertig. Die Männer legten ihre Werkzeuge nieder und blickten zu der mächtigen Arche hinauf. „Was für ein fantastisches Schiff", sagte Sem. „Habt ihr je etwas so großes gesehen?"

Sem und seine Familie ahnten nicht, welches außergewöhnliche Abenteuer sie erwartete.

Gott sagte zu Noah: „Nimm für Dich und die Tiere alle möglichen Nahrungsmittel mit in die Arche." Noah tat genau das, was Gott ihm sagte. Er sammelte getrocknete Früchte, Gemüse und Fisch für seine Familie, und holte auch Getreide und Heu für die Tiere. Noahs Frau hatte seit Jahren Mahlzeiten zubereitet, und wusste dass sie ausreichend zu essen hatten!

„Nun," sagte Gott. „Nimm deine Familie mit in die Arche und halte dich bereit. Ich werde die Tiere versammeln und zu dir bringen." Noahs Familie zitterte vor Aufregung. Was hatte Gott als nächstes vor? Sie holten ihr Hab und Gut und trugen es in die Arche.

Und Noah wartete auf die Ankunft der Tiere.

Schon bald versammelten sich tausende Tiere vor der Arche und drückten und schubsten sich gegenseitig für mehr Platz. Sie brüllten, knurrten, quakten und grunzten. Stell dir nur vor, wie laut es war!

Noah fiel die Kinnlade herunter. Da waren so viele merkwürdige Tiere, die er noch nie zuvor gesehen hatte. „Wo fange ich nur an?", rief er und vergrub sein Gesicht in den Händen. Er war sehr dankbar dafür, dass Gott ihm half.

„Nimm sieben Paare von jeder reinen Tier- und Vogelart", sagte Gott. „Von den unreinen Arten nimm jeweils nur ein Paar. In sieben Tagen werde ich für vierzig Tage und Nächte Wasser auf die Erde regnen lassen."

Noah stand vor der Arche und zählte die Tiere ab. Er wählte je sieben Paare von allen reinen Tierarten aus und je ein Paar von allen unreinen, genau wie Gott es ihm gesagt hatte.

Dann führte er die Tiere über die Rampe und in die Arche hinein. Es gab Giraffen und Elefanten, Ameisenbären und Gürteltiere, Katzen und Affen, Bären und Nilpferde.

Als alle Tiere drinnen waren, schloss Gott die Tür. Keiner von Noahs Nachbarn war auf der Arche. Sie hatten alle entschieden, Dinge auf ihre eigene Art und Weise zu tun.

Wusstest du schon?

Als die Sintflut begann, war Noah 600 Jahre alt. (1 Mose 7,11)

Plötzlich verdunkelte sich der Himmel. Donner grummelte hinter den dicken schwarzen Wolken und Blitze zuckten durch den trüben grauen Himmel. Der Himmel öffnete seine Schleusen und es begann zu regnen.

Es regnete und regnete und regnete. Noahs Freunde und Nachbarn starrten zum Himmel hinauf. „Wo kommt dieses Wasser her?", fragten sie einander. „Vielleicht hatte Noah Recht gehabt."

Die Erde begann zu beben und wie ein Ei aufzuspringen. Die Quellen in der Tiefe platzten auf und Wasser sprudelte aus dem Untergrund hervor. Noahs verängstigte Nachbarn hämmerten mit ihren Fäusten gegen die Arche und flehten Noah an, sie hineinzulassen. „Öffne die Tür! Sonst sterben wir."

Noah wischte sich eine Träne aus dem Auge. Er wünschte sich von ganzem Herzen, dass die Menschen sich Gott anvertraut hätten. Ich habe sie davor gewarnt, aber sie haben mich für verrückt gehalten", sagte Noah zu seiner Frau. „Sie haben mir nicht geglaubt, dass ich Gott gehört habe. Jetzt ist es zu spät."

Es regnete vierzig Tage und Nächte lang. Das Hochwasser stieg höher und höher. In der Arche wurden die Tiere wie Wäsche in einer Waschmaschine hin- und her geschleudert. Es war so laut, dass Noahs Familie sich fast nicht denken hören konnte!

Noah steckte den Kopf durchs Fenster. Wasser erstreckte sich über die Erde, soweit das Auge reichte. Hügel und Täler waren verschwunden. Zitternd zog Noah seinen Umhang fest um sich. Die einzigen Menschen die noch lebten, war seine Familie. „Bitte beschütze uns und bringe uns durch diesen Sturm", betete er.

Endlich hörte es auf zu regnen und die Quellen aus der Tiefe versiegten. Ein leichter Wind wehte über die Erde und die Wellen wurden so ruhig wie eine Glasscheibe. Überall war es sehr still.

Noah und seine Familie spähten durch das Fenster auf die schlammigen Wassermassen herab. Es war, als wäre die gesamte Erde unter ihnen verschwunden! Sie dankten Gott, dass er sie beschützt hatte.

„Ich habe das Gefühl, dass wir schon seit Ewigkeiten in dieser Arche sind", seufzte Sem. „Wann glaubst du, wird das Wasser sinken?" Noah lächelte seinen Sohn an. „Keine Sorge", sagte er. „Gott hat uns nicht vergessen. Habe nur Vertrauen. Er wird alles regeln."

Wusstest du schon?

Anzeichen für Unterwasser-Quellen (Tiefseequellen) wurden entlang des Mittelatlantischen Rückens gefunden. Diese Quellen wurden erst 1973 entdeckt.

Jeden Tag starrte Noahs Familie aus dem Fenster, um zu sehen, ob das Wasser verschwunden war. Doch jeden Morgen sahen sie nur Wasser, das immer noch gegen die Seiten der Arche schwappte.

Eines Tages aber, als Noah gerade mit seiner Familie Frühstück aß, sahen sie ein Stück Felsen in der Ferne. „Das Wasser scheint zu sinken!", rief Noah und zeigte auf den Felsen.

„Was?", sagte Sem, während er und Ham zum Fenster hinüberrannten und auf die dunkle, felsige Bergkuppe starrten. Sie konnten fast ihren Augen nicht trauen. „Es ist wahr! Gott hat uns wirklich nicht vergessen!"

Ein paar Monate später landete die Arche auf dem Ararat-Gebirge. Noah wählte einen großen schwarzen Vogel, einen Raben, und schickte ihn zur Erkundung von der Arche. Der Rabe flog hin und her und wartete, bis das Wasser von der Erde vertrocknet war.

Noah wurde es leid, auf den Raben zu warten, also schickte er als nächstes eine Taube auf die Reise. Die Taube fand keinen Platz zum Ausruhen und ihr Magen knurrte. Sie flog sogleich zurück zur Arche, da sie wusste, dass es dort viel zu fressen gab.

Noah wartete weitere sieben Tage und schickte die Taube erneut los. Dieses Mal kam der Vogel mit einem frisch gepflückten Olivenzweig zurück. Noahs Augen begannen zu leuchten. „Das bedeutet, dass das Wasser endlich gesunken ist!", rief er. Er schickte die Taube noch einmal los, und dieses Mal kam sie nicht mehr zurück.

Noah und seine Söhne öffneten die Arche und sahen sich mit Erstaunen in ihrer neuen Heimat um. „Der Boden sieht trocken aus!", sagte Jafet grinsend zu seiner Mutter. „Vielleicht können wir jetzt wieder frisches Gemüse anbauen."

Noahs Frau klatschte in die Hände. Sie dankte Gott von ganzem Herzen dafür, dass er ihre Familie gerettet hatte. Sie konnte es kaum abwarten, für ihre Familie eine richtige Mahlzeit zuzubereiten.

Gott sagte zu Noah: „Nimm deine Frau, deine Söhne, und die Frauen deiner Söhne und verlasse die Arche. Bringe alle Tiere und Vögel mit dir." Noah und seine Familie schauten sich nervös an. Sie freuten sich darauf, das Boot verlassen zu können, aber die Flut hatte alles zerstört. Wie würde es sich in diesem fremden, neuen Land leben lassen?

Wusstest du schon?

Weltweit gibt es über 500 Legenden von einer weltweiten Flut. Viele Geschichten beinhalten die Warnung vor einer kommenden Flut, die Konstruktion eines Bootes, die Unterbringung von Tieren, und eine Familie.

Die Tiere rappelten sich mühsam auf, gähnten und streckten ihre Beine. Sie waren eine lange Zeit auf dem Boot gewesen und konnten es gar nicht abwarten, auf den frischen, grünen Wiesen herumzutollen. Ein Tier nach dem anderen trottete die Rampe herunter und nach draußen in die Mittagssonne.

Noah wollte Gott danken, dass er ihn und seine Familie während der Sintflut beschützt hatte. Er sammelte einen Haufen Steine und baute damit einen Altar. Dann nahm er einige von jedem reinen Tier und jedem reinen Vogel und brachte sie Gott als brennendes Opfer auf dem Altar dar.

Gott war sehr froh, dass Noah ihm während dieses großen Abenteuers gehorcht hatte. Er sagte sich: „Ich werde die Erde nie wieder auf diese Weise verfluchen oder alle Lebewesen zerstören. So lange es die Erde gibt, werden Jahreszeiten kommen und gehen und Tage und Nächte werden niemals enden."

Gott segnete Noah und seine Söhne und sagte: „Noah, bekomme noch viele Kinder, damit deine Nachfahren die Welt füllen werden." Noah lächelte. Ihm gefiel der Gedanke, eine große Familie zu haben. Er pflanzte einen Weinstock, um zu feiern.

Gott hatte ein Versprechen für Noah und seine Nachkommen. Er sagte: „Ich verspreche, dass ich nie wieder alle Lebewesen mit einer Flut zerstören werde. Als Zeichen, dass ich mein Versprechen halten werde, spanne ich einen Regenbogen über den Himmel." Noah und seine Familie waren froh. Sie waren bereit, Gott komplett zu vertrauen.

Gottes Worte halten für die Ewigkeit. Von nun an, wenn du jemals einen Regenbogen am Himmel siehst, erinnere dich daran, dass Gott immer sein Wort hält!

ENDE

Teste Dein Wissen!
(Vergleiche die Antworten mit den Fragen am Seitenende)

FRAGEN

Wer war Noahs Vater? ....

Wie lang war Noahs Arche? ....

Aus welchem Material wurde die Arche gemacht? ....

Wieviele Fenster hatte die Arche? ....

Wie viele reinrassige Paare nahm Noah auf die Arche mit? ....

Wie alt war Noah, als die Flut begann? ....

Was brachte die Taube zurück zu Noah? ....

Auf welchem Gebirge landete Noahs Arche? ....

Was baute Noah, als er die Arche verließ? ....

Was war ein Zeichen des Bündnisses zwischen Gott und Noah? ....

ANTWORTEN

1. Lamech
2. 300 Ellen
3. Gofer Holz
4. Eins
5. Sieben
6. Sechshundert Jahre
7. Ein Olivenblatt
8. Das Gebirge von Ararat
9. Altar
10. Ein Regenbogen

Löse das Wortsuchrätsel

NOAH TIER
RIESEN REGENBOGEN
ARCHE ALTAR
GOTT FAMILIE
REIN TAUBE

```
D A S U W Y F R R R
Q A I E B P A T I U
R Q R E O C M I E E
R E L C N R I E S N
Y K I K H Q L R E O
V M V N A E I H N A
G O T T P U E T G H
R E G E N B O G E N
X E Q A L T A R K I
V P T A U B E R O O
```

Bible Pathway Adventures®

Der Kampf mit dem Riesen

Die Geburt des Königs

Der Exodus

Den Löwen zum Frass vorgeworfen

Der Verrat des Königs

Der auferstandene König

Verkauft in die Sklaverei

Gerettet von einem Esel

Die Hexe von Endor

Die auserwählte Braut

Simson, der mächtige Krieger

Verschluckt von einem Fisch

Schiffbrüchig!

Entdecke mehr Bibel Geschichten von Bible Pathway Adventures!

Lesen Sie die Aktivitätsbücher von Bible Pathway Adventures

   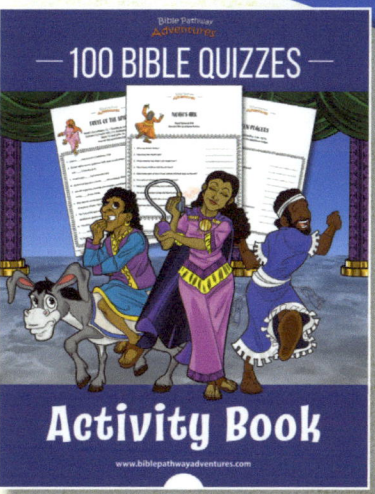

GEHEN SIE ZU

www.biblepathwayadventures.com

www.ingramcontent.com/pod-product-compliance
Lightning Source LLC
Chambersburg PA
CBHW040318100526
44583CB00004BB/146